中华人民共和国
消防救援衔条例

中国法制出版社

中华人民共和国消防救援衔条例

ZHONGHUA RENMIN GONGHEGUO XIAOFANG JIUYUANXIAN TIAOLI

经销/新华书店

印刷/北京海纳百川印刷有限公司

开本/850 毫米×1168 毫米　32 开　　印张/0.5　字数/6 千

版次/2018 年 10 月第 1 版　　2018 年 10 月第 1 次印刷

中国法制出版社出版

书号 ISBN 978-7-5093-5697-5　　定价：4.00 元

北京西单横二条 2 号

邮政编码 100031　　传真：010-66031119

网址：http：//www.zgfzs.com　　**编辑部电话：010-66066621**

市场营销部电话：010-66033393　　**邮购部电话：010-66033288**

（如有印装质量问题，请与本社印务部联系调换。电话：010-66032926）

目　　录

中华人民共和国主席令

第十四号

《中华人民共和国消防救援衔条例》已由中华人民共和国第十三届全国人民代表大会常务委员会第六次会议于2018年10月26日通过，现予公布，自2018年10月27日起施行。

中华人民共和国主席　习近平

2018年10月26日

中华人民共和国消防救援衔条例

（2018年10月26日第十三届全国人民代表大会常务委员会第六次会议通过）

目　录

第一章　总　　则

第一条　为了加强国家综合性消防救援队伍正规化、专业化、职业化建设，增强消防救援人员的责任感、荣誉感和组织纪律性，有利于国家综合性消防救援队伍的指挥、管理和依法履行职责，根据宪法，制定本条例。

第二条　国家综合性消防救援队伍实行消防救援衔制度。

消防救援衔授予对象为纳入国家行政编制、由国务院应急管理部门统一领导管理的综合性消防救援队伍在职人员。

第三条 消防救援衔是表明消防救援人员身份、区分消防救援人员等级的称号和标志，是国家给予消防救援人员的荣誉和相应待遇的依据。

第四条 消防救援衔高的人员对消防救援衔低的人员，消防救援衔高的为上级。消防救援衔高的人员在职务上隶属于消防救援衔低的人员时，担任领导职务或者领导职务高的为上级。

第五条 国务院应急管理部门主管消防救援衔工作。

第二章 消防救援衔等级的设置

第六条 消防救援衔按照管理指挥人员、专业技术人员和消防员分别设置。

第七条 管理指挥人员消防救援衔设下列三等十一级：

（一）总监、副总监、助理总监；

（二）指挥长：高级指挥长、一级指挥长、二级指挥长、三级指挥长；

（三）指挥员：一级指挥员、二级指挥员、三级指挥员、四级指挥员。

第八条 专业技术人员消防救援衔设下列二等八级，在消防救援衔前冠以“专业技术”：

（一）指挥长：高级指挥长、一级指挥长、二级指挥长、三级指挥长；

（二）指挥员：一级指挥员、二级指挥员、三级指挥员、四级指挥员。

第九条 消防员消防救援衔设下列三等八级：

（一）高级消防员：一级消防长、二级消防长、三级消防长；

（二）中级消防员：一级消防士、二级消防士；

（三）初级消防员：三级消防士、四级消防士、预备消防士。

第三章 消防救援衔等级的编制

第十条 管理指挥人员按照下列职务等级编制消防救援衔：

（一）国务院应急管理部门正职：总监；

（二）国务院应急管理部门消防救援队伍领导指挥机构、森林消防队伍领导指挥机构正职：副总监；

（三）国务院应急管理部门消防救援队伍领导指挥机构、森林消防队伍领导指挥机构副职：助理总监；

（四）总队级正职：高级指挥长；

（五）总队级副职：一级指挥长；

（六）支队级正职：二级指挥长；

（七）支队级副职：三级指挥长；

（八）大队级正职：一级指挥员；

（九）大队级副职：二级指挥员；

（十）站（中队）级正职：三级指挥员；

（十一）站（中队）级副职：四级指挥员。

第十一条 专业技术人员按照下列职务等级编制消防救援衔：

（一）高级专业技术职务：高级指挥长至三级指挥长；

（二）中级专业技术职务：一级指挥长至二级指挥员；

（三）初级专业技术职务：三级指挥长至四级指挥员。

第十二条 消防员按照下列工作年限编制消防救援衔：

（一）工作满二十四年的：一级消防长；

（二）工作满二十年的：二级消防长；

（三）工作满十六年的：三级消防长；

（四）工作满十二年的：一级消防士；

（五）工作满八年的：二级消防士；

（六）工作满五年的：三级消防士；

（七）工作满二年的：四级消防士；

（八）工作二年以下的：预备消防士。

第四章 消防救援衔的首次授予

第十三条 授予消防救援衔，以消防救援人员现任职务、德才表现、学历学位、任职时间和工作年限为依据。

第十四条 初任管理指挥人员、专业技术人员，按照下列规定首次授予消防救援衔：

（一）从普通高等学校毕业生中招录，取得大学专科、本科学历的，授予四级指挥员消防救援衔；取得硕士学位的研究生，授予三级指挥员消防救援衔；取得博士学位的研究生，授予一级指挥员消防救援衔；

（二）从消防员选拔任命为管理指挥人员、专业技术人员的，按照所任命的职务等级授予相应的消防救援衔；

（三）从国家机关或者其他救援队伍调入的，或者从符合条件的社会人员中招录的，按照所任命的职务等级授予相应的消防救援衔。

第十五条 初任消防员，按照下列规定首次授予消防救援衔：

（一）从高中毕业生、普通高等学校在校生或者毕业生中招录的，授予预备消防士；

（二）从退役士兵中招录的，其服役年限计入工作时间，按照本条例第十二条的规定，授予相应的消防救援衔；

（三）从其他救援队伍或者具备专业技能的社会人员中招录的，根据其从事相关专业工作时间，比照国家综合性消防救援队伍中同等条件人员，授予相应的消防救援衔。

第十六条 首次授予管理指挥人员、专业技术人员消防救援衔，按照下列规定的权限予以批准：

（一）授予总监、副总监、助理总监，由国务院总理批准；

（二）授予高级指挥长、一级指挥长、二级指挥长，由国务院应急管理部门正职领导批准；

（三）授予三级指挥长、一级指挥员，报省、自治区、直辖市人民政府应急管理部门同意后由总队级单位正职领导批准，其中森林消防队伍人员由国务院应急管理部门森林消防队伍领导指挥机构正职领导批准；

（四）授予二级指挥员、三级指挥员、四级指挥员，由总队级单位正职领导批准。

第十七条 首次授予消防员消防救援衔，按照下列规定的权限予以批准：

（一）授予一级消防长、二级消防长、三级消防长，由国务院应急管理部门消防救援队伍领导指挥机构、森林消防队伍领导指挥机构正职领导批准；

（二）授予一级消防士、二级消防士、三级消防士、四级消防士、预备消防士，由总队级单位正职领导批准。

第五章 消防救援衔的晋级

第十八条 消防救援衔一般根据职务等级调整情况或者工作年限逐级晋升。

消防救援人员晋升上一级消防救援衔，应当胜任本职工作，遵纪守法，廉洁奉公，作风正派。

消防救援人员经培训合格后，方可晋升上一级消防救援衔。

第十九条 管理指挥人员、专业技术人员的消防救援衔晋升，一般与其职务等级晋升一致。

消防员的消防救援衔晋升，按照本条例第十二条的规定执行。通过全国普通高等学校招生统一考试、取得全日制大学专科以上学历的消防员晋升消防救援衔，其按照规定学制在普通高等学校学习的时间视同工作时间，但不计入工龄。

第二十条 管理指挥人员、专业技术人员消防救援衔晋升，按照下列规定的权限予以批准：

（一）晋升为总监、副总监、助理总监，由国务院总理批准；

（二）晋升为高级指挥长、一级指挥长，由国务院应急管理部门正职领导批准；

（三）晋升为二级指挥长，报省、自治区、直辖市人民政府应急管理部门同意后由总队级单位正职领导批准，其中森林消防队伍人员由国务院应急管理部门森林消防队伍领导指挥机构正职领导批准；

（四）晋升为三级指挥长、一级指挥员，由总队级单位正职领导批准；

（五）晋升为二级指挥员、三级指挥员，由支队级单位正职领导批准。

第二十一条　消防员消防救援衔晋升，按照下列规定的权限予以批准：

（一）晋升为一级消防长、二级消防长、三级消防长，由国务院应急管理部门消防救援队伍领导指挥机构、森林消防队伍领导指挥机构正职领导批准；

（二）晋升为一级消防士、二级消防士，由总队级单位正职领导批准；

（三）晋升为三级消防士、四级消防士，由支队级单位正职领导批准。

第二十二条　消防救援人员在消防救援工作中做出重大贡献、德才表现突出的，其消防救援衔可以提前晋升。

第六章 消防救援衔的保留、降级和取消

第二十三条 消防救援人员退休后，其消防救援衔予以保留。

消防救援人员按照国家规定退出消防救援队伍，或者调离、辞职、被辞退的，其消防救援衔不予保留。

第二十四条 消防救援人员因不胜任现任职务被调任下级职务的，其消防救援衔应当调整至相应衔级，调整的批准权限与原衔级的批准权限相同。

第二十五条 消防救援人员受到降级、撤职处分的，应当相应降低消防救援衔，降级的批准权限与原衔级的批准权限相同。

消防救援衔降级不适用于四级指挥员和预备消防士。

第二十六条 消防救援人员受到开除处分的，以及因犯罪被依法判处剥夺政治权利或者有期徒刑以上刑罚的，其消防救援衔相应取消。

消防救援人员退休后犯罪的，适用前款规定。

第七章 附 则

第二十七条 消防救援衔标志式样和佩带办法，由国务院制定。

第二十八条 本条例自 2018 年 10 月 27 日起施行。

关于《中华人民共和国综合性消防救援队伍消防救援衔条例（草案）》的说明

——2018年8月27日在第十三届全国人民代表大会常务委员会第五次会议上

应急管理部党组书记、副部长 黄 明

委员长、各位副委员长、秘书长、各位委员：

我受国务院委托，现对《中华人民共和国综合性消防救援队伍消防救援衔条例（草案）》作说明。

根据深化党和国家机构改革方案，公安消防部队、武警森林部队转制后，实行专门管理和政策保障，提高其职业荣誉感，保持有生力量和战斗力。习近平总书记对这项改革高度重视、非常关心，多次作出重要指示。李克强总理对综合性消防救援队伍建设提出了明确要求。

为贯彻落实党中央、国务院决策部署，在国家综合性消防救援队伍中实行消防救援衔制度，应急部、司法部经征求中央组织部、教育部、公安部、退役军人部、林草局、中央军委法制局等中央有关单位和各省、自治区、直辖市人民政府以及新疆生产建设兵团的意见，赴有关地方进行调研并召开专家论证会，研究起草了《中华人民共和国综合性消防救援队伍消防救援衔条例（草案）》（以下简称草案）。草案已经国务院同意，现将有关情况说明如下：

一、立法的必要性

一是贯彻落实中央改革决策的需要。按照党中央、国务院部署，公安消防部队、武警森林部队须在2018年年底前完成转制任务。实行消防救援衔制度，有利于做好与部队原有职务衔级的有序对接，确保队伍平稳过渡。二是执行消防救援任务的需要。综合性消防救援队伍作为应急救援的主力军和国家队，承担防范应对各类灾害事故风险、保障人民群众生命财产安全的重要职责。实行消防救援衔制度，有利于区分人员等级和身份，确保建立统一高效的领导指挥体系。三是提升职业荣誉感的需要。消防救援工作强度大、职业风险高，需要党和国家在政治上给予特殊关怀。实行消防救援衔制度，有利于增强消防救援队伍的责任感、荣誉感和使命感，确保队伍战斗力。

二、立法的总体思路

一是严格遵循深化党和国家机构改革精神。通过实行专门的消防救援衔制度，加强国家综合性消防救援队伍的正规化、专业化、职业化建设，确保两支队伍顺利转制。二是注重体现国家综合性消防救援队伍的职业特点。按照管理指挥干部、专业技术干部和消防员分别设置消防救援衔，对消防救援衔的称谓、等级、授予、晋级等作出符合消防救援队伍职业特点的专门规定。三是充分做好现役制与职业制的衔接过渡。在衔级管理、审批权限等方面总体按照公安消防部队、武警森林部队原有模式作出规定，同时参照警衔、关衔、外交衔等专门衔级制度，增强衔级设置的科学性，保持队伍的稳定性。

三、草案的主要内容

草案共7章、28条，主要规定了以下内容：

（一）消防救援衔的授予对象和性质。草案规定：国家综合性消防救援队伍实行消防救援衔制度；消防救援衔是区分消防救援人员等级、表明消防救援人员身份的称号和标志，是国家给予消防救援人员的荣誉。

（二）消防救援衔的设置。草案规定：消防救援衔按照管理指挥干部、专业技术干部和消防员分别设置；管理指挥干部消防救援衔设三等共十一级，专业技术干部消防救援衔设两等共八级，消防员消防救援衔设三等共八级；消防救援人员按照职务等级分别编制消防救援衔。

（三）消防救援衔的管理。草案规定：国务院应急管理部门主管消防救援衔工作；总监、副总监、助理总监消防救援衔，由国务院总理批准授予，其他衔级按照相应权限批准授予；消防救援衔一般根据职务等级调整情况或者工作年限逐级晋升；管理指挥干部、专业技术干部的消防救援衔晋升，与其职务等级晋升保持一致。

此外，草案还对消防救援衔的保留、降级和取消等作了专门规定。

《中华人民共和国综合性消防救援队伍消防救援衔条例（草案）》和以上说明是否妥当，请审议。